RENTRÉE SOLENNELLE

DES FACULTÉS

— 14 novembre 1881 —

DISCOURS

DE

M. LE PROFESSEUR BONDET

LYON

IMPRIMERIE PITRAT AÎNÉ

4, RUE GENTIL, 4

1882

85

RENTRÉE SOLENNELLE

DES FACULTÉS

— 15 novembre 1881 —

LYON. — IMP. PITRAT AINÉ, 4, RUE GENTIL.

RENTRÉE SOLENNELLE

DES FACULTÉS

— 15 novembre 1881 —

DISCOURS

DE

M. Le Professeur BONDET

LYON

IMPRIMERIE PITRAT AINÉ

4, RUE GENTIL, 4

1882

RENTRÉE SOLENNELLE

DES FACULTÉS

— 14 novembre 1881 —

DISCOURS

DE

M. Le Professeur BONDET

La séance solennelle de rentrée des Facultés de
théologie, de droit, de médecine, des sciences et des
lettres de l'Académie de Lyon a eu lieu le mardi
15 novembre 1881, dans la grande salle des fêtes
de l'hôtel de ville.

Cette séance était présidée par M. LORTET, doyen
de la Faculté de médecine.

A deux heures précises, M. LORTET, les inspec-
teurs d'Académie, les doyens et les professeurs des
cinq Facultés, le proviseur et les professeurs du

lycée, tous en grand costume, ont pris place sur l'estrade.

Dans la salle, on remarquait M. le général Carteret-Trécourt, gouverneur militaire de Lyon et commandant du 14ᵉ corps d'armée ; M. Gailleton, maire de Lyon, M. le général Bréart, commandant la 26ᵉ division d'infanterie ; M. Montaubin, procureur général près la cour d'appel ; M. le général Dombres, directeur supérieur du génie ; M. l'intendant Audemard ; MM. Louis et Paul, secrétaires généraux de la préfecture ; M. Martin, vice-président du conseil de préfecture ; M. Sévène, président de la Chambre de commerce ; M. le colonel Moras d'Hestreux, du 22ᵉ régiment de ligne ; M. le colonel Faure, directeur du génie ; MM. Million et Duchamp, représentants des conseils généraux du Rhône et de la Loire dans le conseil académique ; M. Baud, président de la Chambre de discipline des notaires ; des membres du conseil général et du conseil municipal, de l'Académie des sciences, arts et belles-lettres et des autres Sociétés savantes ; des officiers, un grand nombre de dames, les parents des lauréats, enfin les étudiants des diverses Facultés.

M. Lortet, après avoir déclaré la séance ouverte, s'est fait l'interprète des regrets que le corps universitaire tout entier éprouve d'être obligé, en 1881 comme en 1880, d'inaugurer ses travaux, sans avoir à sa tête M. le Recteur. La maladie, qui empêche le chef de l'Académie de présider la séance solennelle, permet au moins à l'un des représentants de l'enseignement supérieur d'exprimer publiquement à M. CHARLES les sentiments de dévouement et d'attachement personnel de ses collaborateurs.

M. LORTET donne ensuite la parole à M. le professeur BONDET, désigné pour prononcer, au nom de la Faculté de médecine, le discours d'usage.

M. BONDET s'est exprimé en ces termes :

MESSIEURS,

Il y a quatre ans, M. l'inspecteur général Chauffard, au nom de Son Excellence le Ministre de l'Instruction publique, déclarait ouverte la Faculté de médecine de Lyon.

Les vœux successivement émis par tous les corps constitués de notre ville, ceux que, depuis des années, nous entendions régulièrement formulés, au jour solennel de la rentrée des Facultés, étaient enfin exaucés ; une Faculté de médecine existait à Lyon.

Succédant à l'ancienne École qui, non sans succès et avec une légitime réputation, avait vécu, sous des formes et avec des organisations diverses, depuis la fin du siècle dernier jusqu'à 1875, la nouvelle arrivée, comme l'enfant désiré depuis longtemps, fut accueillie par tous avec joie et reconnaissance. Avec joie et reconnaissance aussi, Messieurs et chers collègues de l'Université, elle a répondu et désire répondre encore à vos efforts d'aujourd'hui et à vos vœux d'autrefois.

Si j'ai été choisi pour prendre pour la première fois la parole en son nom et exprimer devant vous avec ses saluts de bienvenue pour tous, ses remerciements pour ceux surtout qui ont favorisé et aidé sa naissance, c'est qu'on a voulu quelqu'un qui, en vous parlant au nom du présent, vous rappelât les traditions du passé ; quelqu'un qui, en proclamant bien haut devant vous le culte de la science, fût par ses études, son origine, ses attaches et ses goûts, comme l'écho lointain de notre vieille école lyonnaise.

Un souvenir, c'est là certainement un des titres importants à l'honneur qui m'est fait ; ce sera, j'ose l'espérer, un titre suffisant aussi à votre indulgente attention. Ce n'est point chose facile, en effet, que penser, parler et bien dire, en présence des maîtres dans cet art difficile, et pour oser, en face de savants de premier ordre, aborder les choses de science, de même que toucher à certains points de philosophie et de morale, à côté de ceux qui sont chargés de nous enseigner les règles de la sagesse ; devant un auditoire composé d'éléments si divers, il faut être soutenu tout à la fois par le sentiment inébranlable du devoir, par un ardent amour de la vérité, et encouragé par la sympathie de ceux qui vous écoutent.

Lorsque l'on m'a proposé de prendre la parole dans la séance d'aujourd'hui au nom de la Faculté de médecine, j'ai pensé, après bien des hésitations, que je pourrais, par un exposé des méthodes de travail sur lesquelles nous comptions fonder notre enseignement, et grâce à un exemple de l'application de ces méthodes emprunté à une des maladies les plus obscures de la médecine, vous intéresser peut-être, et vous montrer, avec le chemin parcouru, le but que nous nous proposions, l'avenir auquel nous pouvions atteindre.

Si j'ai songé à faire de l'exposé de ces principes le fond de ce discours, c'est qu'en face de cette jeunesse impatiente de savoir, on ne saurait trop redire l'importance de la méthode, et qu'en présence d'un auditoire d'élite comme celui qui m'écoute, on ne saurait mettre trop de soin à faire ressortir le côté solide et réellement scientifique de nos études.

Quant à l'exemple d'une application de ces méthodes, si j'ai choisi parmi les nombreuses maladies une des maladies du système nerveux, c'est qu'indépendamment de l'attrait qui, à une époque aussi tourmentée que la nôtre, se rattache à l'étude de ces maladies, j'ai tenu, pour que la démonstration fût plus éclatante, à choisir parmi les plus embrouillées et les plus bizarres.

Il n'y a pas longtemps que la médecine est entrée dans cette voie de lentes recherches, de patientes investigations, qui ont fait les autres sciences et qui ont pour base l'observation et l'expérience. Il n'y a pas longtemps que, sans cesser d'être respectueuse et pleine d'admiration pour les travaux des médecins de l'antiquité, elle a consenti, suivant en cela la méthode à l'aide de laquelle se sont constituées les sciences naturelles pour découvrir les secrets de la nature, à interroger la nature elle-même. Aussi que de progrès accomplis, depuis le jour où, débarrassée de fables et d'erreurs traditionnelles, de formules plus ou moins empiriques, elle a su, par l'observation rigoureuse des faits, s'élever patiemment des phénomènes aux lois, et des lois aux forces, négligeant à dessein ces vains systèmes, ces puériles dissertations qui, sous prétexte de nous faire pénétrer dans la connaissance des causes, n'engendrent souvent que discussions, simples probabilités ou erreurs.

Longtemps encore, toujours peut-être, cette connaissance des causes, qui attire une infinité d'esprits avides de savoir, restera fermée pour la plupart d'entre nous. Il y a là un écueil contre lequel se sont heurtées et où se sont arrêtées souvent les natures les plus brillantes.

Dans leur ardeur à pénétrer les origines de toutes choses, leurs facultés se sont lassées, leur intelligence s'est usée, et tel de ces esprits qui, par un travail plus lent, plus patient, fût arrivé à des découvertes de premier ordre, est venu échouer et se briser devant cette impatience de tout savoir et de tout connaître. Messieurs, l'intelligence humaine a des bornes; ne pouvant tout expliquer, elle doit savoir attendre;

attendre et chercher, tel doit être, et tel est, en effet, le mot d'ordre des travailleurs d'aujourd'hui.

En dehors de cette ligne de conduite nous risquerions fort, alors que tout marche, que tout progresse autour de nous, de nous immobiliser, de rétrograder peut-être, ou tout au moins de nous égarer dans des inconnues qui sont loin d'être indispensables à la constitution définitive des connaissances médicales.

Les sciences physiques que nous cherchons à imiter nous en donnent de constants et nombreux exemples, et ces exemples, pour être efficaces, doivent sans cesse être présents à nos esprits.

Est-ce que la physique, en nous révélant les forces et les lois de l'électricité, de la chaleur et de la lumière, nous a fait connaître les causes premières de l'électricité, du calorique et de la lumière? Cependant est-ce que nous ne pouvons pas, grâce à la connaissance de ces forces et des lois qui les régissent, nous rendre un compte exact de la façon dont ces agents se comportent dans les différents corps du monde inorganique et de la matière organisée.

La botanique, en nous livrant certaines lois de la germination, la zoologie, en nous initiant à quelques grands principes de la fécondation, ne nous ont certainement pas livré tous les secrets de la germination et de la fécondation et pourtant, qui oserait nier les données positives à l'aide desquelles nous pouvons intervenir dans la multiplication, le développement et les croisements des espèces végétales et animales.

En posant les lois de la gravitation, Newton a pu

laisser inconnue la cause de l'attraction des corps les uns sur les autres et nous révéler cependant le secret de la marche des mondes. Papin pour la vapeur, Volta pour l'électricité, Ampère pour les aimants, et à une époque plus rapprochée de nous, Pasteur pour les ferments, tant d'autres encore qui, tout en négligeant la recherche et la pénétration des causes, ont pu s'élever patiemment, par la seule puissance de l'induction, des phénomènes aux lois, et des lois aux forces, dotant ainsi la science de découvertes et de travaux immortels.

Cette méthode, je le sais, appliquée à l'étude des sciences, n'a cependant pas été la source constante des découvertes. Quelques esprits plus impatients d'arriver au but qu'ils se proposaient se sont aventurés et s'aventurent encore avec plus de hardiesse, je dirais presque avec plus de témérité, à la recherche de la vérité. Pour eux les idées préconçues ont pris la place des faits, l'hypothèse s'est élevée à la place de la réalité, et l'invention, fille alors du génie ou du hasard, a pu surgir quand même de cette aventureuse méthode. Messieurs, le génie est rare, et le hasard n'est qu'un mot; ce sera toujours le hasard.

Loin de nous, dirons-nous donc encore aujourd'hui, ces systèmes préconçus, qui toujours ou presque toujours forcent les faits, les dénaturent quand ils ne les faussent pas absolument, pour les soumettre et les faire plier aux fantaisies de leur esprit ou aux caprices de leur imagination. A de rares exceptions près, et pour quelques natures privilégiées seulement, ils sont acceptables.

L'emploi de l'hypothèse, dit Comte, exige comme condition fondamentale le caractère de simples anticipations sur ce que le raisonnement et l'expérience auraient pu découvrir, si les conditions du problème à résoudre eussent été plus favorables. Si, au contraire, on cherchait par de semblables moyens à découvrir ce qui, en soi-même, ne peut être soumis à l'observation, à l'expérience et au raisonnement, la condition fondamentale de l'hypothèse serait méconnue, elle sortirait du domaine scientifique et n'aboutirait qu'à d'interminables discussions.

C'est dans de telles conditions et avec ces principes pour bases que se sont constituées les vraies sciences. C'est dans ces conditions aussi et avec ces mêmes principes que la médecine cherche à se constituer à son tour.

Si ses progrès ont été si longs, si difficiles, si souvent et peut-être si justement contestés, la raison en est certainement à un défaut de précision dans les méthodes de travail employées par ceux qui l'ont cultivée.

Aujourd'hui, Messieurs, l'élan est donné, la direction est prise, et l'on peut dire que déjà la voie parcourue ne l'a pas été sans succès. Qu'il s'agisse de l'anatomie, de la physiologie, de la pathologie, de la clinique, de la thérapeutique, partout se retrouve cette vigoureuse et puissante empreinte d'une méthode qui a doté les diverses branches de notre science de connaissances plus précises, de notions plus sûres et de méthodes et de procédés plus efficaces.

Dans cet ordre d'idées, il y a place pour tous ; d'innombrables travaux entassés par des milliers de travailleurs rien ne se perd, et quand, un jour, un homme se rencontre, plus heureux dans ses recherches, ou doué d'une puissance de conception ou de généralisation plus grande, capable de formuler dans une loi, le résultat des observations de tous, chacun peut dire, avec un légitime sentiment de fierté : et moi aussi j'ai apporté mon obole ou ma pierre à l'édification de la vérité.

Ce mouvement philosophique, qui avait pénétré en France avec les idées de l'illustre chancelier Bacon et qui s'y était considérablement développé au commencement du dix-huitième siècle avec l'école expérimentale et les encyclopédistes ne fut guère appliqué en médecine d'une façon tant soit peu suivie et régulière au moins qu'à dater de la période qui s'étend de 1820 à 1830.

. Dirigé spécialement à cette époque contre le dogmatisme broussaisien par quelques esprits sévères, désireux de lutter par des faits positifs contre les idées préconçues et souvent paradoxales du célèbre et trop fougueux novateur, ce mouvement ne tarda pas sinon à pénétrer, mais à se généraliser chez les peuples voisins.

L'Allemagne, qui d'abord avait marché sur nos traces en empruntant aux Magendie, aux Laennec, aux Bérard, aux Andral, aux Louis, aux Chomel leurs habitudes de travail et de recherches, ne fut pas longue à nous devancer dans la voie que nous lui avions ouverte, et dans l'application de doctrines philosophiques plus conformes peut-être au tempérament de son peuple, elle sut bien vite trouver de solides éléments au développement de sa fortune.

Quelque répugnance que j'aie à entrer dans une comparaison à ce sujet, serait-ce bien s'avancer aujourd'hui que d'affirmer que de ces méthodes trop restreintes chez nous et suffisamment répandues chez nos voisins sont sorties, pour nous peut-être, les causes de nos revers, pour eux certainement les causes de leurs succès.

La leçon, hélas ! a été dure ; s'il est triste de la rappeler, et nul ne le sent avec un déchirement de cœur plus amer que celui qui vous parle, plus triste encore serait de l'oublier. Quelque pénible qu'il soit d'évoquer pareil souvenir, quelques poignantes que soient les douleurs qu'il rappelle, mieux vaut en rechercher les causes, les signaler chaque fois que l'occasion de le faire s'en présente, travailler et se souvenir.

Appliquées à la médecine, ces mêmes méthodes, avec leurs procédés d'observations et d'expériences dont notre Faculté naissante a tenu à faire la base de ses travaux, sont depuis longtemps déjà sorties du domaine purement spéculatif et ont pénétré dans le monde des faits.

Pour ne parler que des découvertes qui remontent à cette application, on peut dire, sans être taxé d'exagération, que depuis cette époque, c'est-à-dire depuis cinquante ans à peine, les progrès de la médecine ont été de beaucoup supérieurs à tous ceux qui, depuis Hippocrate, ont marqué les différentes étapes de son évolution. N'est-ce pas depuis ce moment, en effet, que l'anatomie générale s'est doublée de l'histologie ; que la physiologie, cette admirable science, s'est développée, a grandi, nous livrant presque chaque jour quelques-uns des nombreux secrets des fonctions de la vie ? N'est-ce pas à cette période qu'appartiennent les découvertes de l'anatomie pathologique, éclairée des connaissances empruntées à l'histoire naturelle, armée de ces puissants instruments que lui a fournis la physique, ou aidée de ces précieux réactifs à l'aide desquels aussi est en voie de se constituer une science nouvelle, la chimie biologique ?

Et si je voulais faire passer devant vos yeux les merveilleuses transformations opérées grâce à la méthode scientifique, ainsi qu'à l'application des diverses sciences elles-mêmes dans la connaissance des maladies, c'est la pathologie presque tout entière qu'il faudrait passer en revue. Maladies du cœur, des poumons, de l'appareil digestif, du cerveau, de la moelle ou des reins, affections générales dyscrasiques, infectieuses, spécifiques, je n'en vois pas une, qu'il s'agisse de leurs causes, de leur nature, de leurs symptômes ou de leur thérapeutique, dans laquelle il n'y ait quelque point important à signaler.

Pour ne parler que de quelques-unes d'entre elles, qu'il me suffise de rappeler les derniers travaux sur les maladies de la moelle et du cerveau, les recherches sur l'hématologie, l'urologie, les parasites, et celles toutes récentes et si fécondes déjà pour la médecine comme pour la chirurgie et surtout pour l'hygiène, sur les ferments organisés.

Mais je ne dois point oublier que je vous ai promis
de prendre comme exemple de cette démonstration
les maladies du système nerveux, et que parmi ces
maladies j'ai choisi, pour que la démonstration fût plus
complète, la plus difficile peut-être à analyser, la plus
bizarre, la plus mobile certainement dans ses manifestations, celle que le public et les littérateurs appellent
la grande névrose du siècle, celle que la médecine étudie
surtout sous les dénominations variées de Nervosisme,
de Névropathie hystérique, d'Hystérie, ou de Névropathie protéiforme.

En choisissant cet exemple, je ne me suis dissimulé
ni les difficultés du sujet, ni certaines susceptibilités que
j'allais peut-être, quoique très involontairement, éveiller
à propos de quelques faits de surnaturalisme auxquels
l'histoire du Nervosisme se trouve malheureusement
trop souvent mêlée. Ce que j'ai cherché surtout, c'est
à bien établir la supériorité de la méthode scientifique
pour l'étude de la médecine; avant tout et par dessus
tout, j'ai voulu lutter pour le bon combat, le triomphe
de la vérité.

Il n'y a pas longtemps, Messieurs, qu'un peu de clarté
s'est faite sur cette étrange névrose, vieille comme le
monde, toujours identique à elle-même, et qui à elle
seule constitue un bon tiers au moins des maladies de
la femme et un nombre assez respectable de celles de
sa noble moitié.

Si je voulais, pour donner à ce travail un cachet
d'érudition, vous retracer son histoire et vous montrer
sa marche à travers les âges, ce n'est point seulement

dans les œuvres des médecins de l'antiquité qu'il me
me faudrait puiser, j'aurais à fouiller aussi dans les
in-folios poudreux du moyen âge traitant d'alchimie et
de magie; il me faudrait parcourir les nombreux traités
des exorcismes et des conjurations, interroger les
manuels de l'Inquisition, les livres des magnétiseurs,
des sorciers et des somnambules. Au nom des plus
célèbres médecins, j'aurais à ajouter ceux de doctes
magistrats, d'érudits bénédictins, de pieux franciscains
ou jésuites qui tous, dominés par leurs croyances au mer-
veilleux et au surnaturel, ne voyaient dans la maladie
nerveuse d'aujourd'hui qu'actes de sorcellerie, qu'interventions diaboliques.

Et de tout cela, Messieurs, trois siècles à peine nous
séparent ; nous sommes presque à la fin du seizième
siècle. A ce moment, on ne parle que du diable, des
démons succubes et incubes, des sorciers et surtout
des sorcières, des magiciens et des possédés.

C'est, dit Richet, l'âge d'or de Satan. C'est à ce
moment, en effet, que Fernel, illustre médecin du
seizième siècle, raconte sérieusement qu'il connaît
quelqu'un qui fut ensorcelé en mangeant une pomme;
qu'Ambroise Paré lui-même, le savant chirurgien,
une des plus grandes gloires de cette époque, parle
avec détail du diable et des sorciers, et des maux
qu'ils causent, et qu'à ces êtres fantastiques, fils
d'Adam ou de Cham, suivant les uns, de Zoroastre,
suivant les autres, Michel Servet assigne pour de-
meure les ventricules du cerveau.

C'est à ce moment aussi qu'Ignace de Loyola

affirme que, pendant ses travaux, il a de la peine à se
défendre des obsessions du malin, et que l'apôtre de
la réforme, Luther lui-même, raconte très sérieusement ses luttes avec le mauvais esprit qui, pendant la
nuit, brise ses vitres, remue des sacs de noix sous son
lit, et contre lequel il jette un jour un encrier qui va
se briser contre la pierre, et maculer d'une large tache
d'encre les murs de la petite chambre de l'ermite de la
Wartbourg.

Tous ces faits, que j'ai empruntés à dessein aux
hommes les plus divers, et qu'il me serait facile de
multiplier par l'exposé des scabreuses descriptions des
scènes du sabbat, par la narration des scandaleuses
histoires des possédés et des convulsionnaires, ou par
le récit des scènes de torture de l'Inquisition, brûlant
sur ses bûchers, comme sorciers ou comme sorcières,
de malheureux *névropathes*, sont vrais ; ils constituent
dans l'histoire du Nervosisme une sombre période sur
laquelle il n'est malheureusement pas possible de faire
l'oubli, et dont l'ignorance, bien plus encore que le
fanatisme religieux de ces temps, doit porter en partie
la lourde responsabilité.

A ce moment, en effet, la médecine, dominée par
ses croyances au surnaturel, comme elle le fut un
siècle plus tard par les doctrines d'un spiritualisme
exagéré, ne savait rien encore du rôle du corps et des
nerfs sur les choses de l'esprit et de l'intelligence.

Un siècle et demi la séparait de l'époque où Haller,
par sa découverte de la sensibilité et sa localisation
dans les nerfs, allait permettre- à la physiologie

d'intervenir dans l'étude de l'organisation physique des corps, et de son influence sur les différents modes de la sensibilité et des sensations, sur les mouvements, aussi bien que sur les manifestations variées de l'intelligence.

A dater de ce jour, l'histoire du Nervosisme entre dans une nouvelle phase. Depuis longtemps déjà l'étoile de Satan a pâli; le spiritualisme pur, un instant triomphant, sous la puissante direction de René Descartes, vient d'être ébranlé à son tour par l'apparition du système des sensations de Condillac. A ce moment, on ne parle plus que de sensibilité, de nerfs et de vapeurs. C'est l'époque où Tronchin, médecin de Genève, est assidûment recherché par les grandes dames de la cour de France, où Tissot de Lausanne écrit sur les maladies des hommes de lettres, et où paraît à Lyon l'ouvrage du docteur Pomme sur les maladies nerveuses et les vapeurs. C'est à ce moment aussi que Rousseau compose et publie ses écrits.

La sensibilité est partout, les hommes pleurent, soupirent et se pâment; les femmes nerveuses, avec leurs crises, leurs spasmes, entourées de tous les raffinements du bien-être et du luxe, de toutes les ivresses du plaisir, peuplent les salons et les boudoirs.

Dans cette société corrompue, toute pleine d'excitations, de vices et d'excès, au milieu de cette civilisation vieillie et chancelante, le Nervosisme triomphe. Le moment, semble-t-il, est propice pour l'étudier, et cependant les idées les plus bizarres, les plus incomplètes règnent encore à son sujet.

Philosophes et médecins ne voient dans tous ces désordres que des troubles sympathiques liés à des lésions organiques de systèmes spéciaux. Ceux-ci accusant surtout les résultats de la débauche, ceux-là ceux de la chasteté. Si on n'exorcise plus, si on ne brûle plus les malheureuses victimes du Nervosisme, elles deviennent un objet de répulsion et de mépris. Tel a été l'empire de ces idées, qu'aujourd'hui encore, malgré les lumières apportées dans les connaissances de ces maladies par les plus illustres médecins de ce siècle, elles subsistent dans bon nombre d'esprits même les plus sérieux.

Pour réfuter de pareilles erreurs et montrer ce que sont réellement le Nervosisme et les diverses névropathies, des maladies se développant chez l'homme comme chez la femme, tout aussi étrangères par conséquent aux lésions organiques spéciales, qu'aux interventions diaboliques, il ne fallait rien moins que l'observation attentive des faits, l'analyse détaillée des symptômes, ainsi qu'une très grande sagacité et une extrême réserve dans leur interprétation.

Telle a été l'œuvre de la médecine contemporaine, et comme ce sont les résultats de cette œuvre qui doivent servir surtout à la démonstration que j'ai entreprise, ce sont ces résultats eux-mêmes qu'il me reste à faire connaître.

Cette période, préparée par les œuvres des de Gardner, des Boerhaave, des Sydenham, des Sauvages, des Lorry, ne commence en réalité qu'avec les travaux des Charles Lepois, des Louyer Villermay, des Brachet, des Cerise, des Falret, des Calmeil ; elle s'accuse surtout dans le traité si consciencieux de M. Briquet et s'affirme tout à fait avec les très intéressantes recherches de l'école de la Salpêtrière.

Trois grands faits la dominent tout entière : une notion étiologique plus vraie, une connaissance symptomatique plus exacte et surtout plus complète, une thérapeutique plus rationnelle.

Au moment où elle commence, depuis longtemps déjà, je parle pour les médecins, le Nervosisme, n'est plus la maladie des possédés et des sorcières ; et si quelques-uns d'entre eux la considèrent encore comme l'expression presque constante de troubles physiologiques spéciaux, si pour le vulgaire elle reste encore comme synonyme de dépravation et d'excès, elle n'est pas encore la grande névrose d'aujourd'hui, la maladie non seulement de certaines lésions organiques, mais la maladie aussi des émotions trop vives, des profonds chagrins, des longs ennuis, des grandes tristesses. Il y a dans cette nouvelle manière d'envisager la maladie comme une sorte de réhabilitation morale du Nervosisme et des diverses névropathies. La médecine, on en conviendra, la devait bien à ceux où à celles que, pendant des siècles, elle laissa torturer, brûler ou mépriser. Cette juste réparation n'a peut-être pas été étrangère au choix du sujet de ce discours.

Tout ce que je sais du Nervosisme, tout ce que j'ai pu voir des diverses névropathies, qu'elles s'observent chez l'homme ou chez la femme, m'autorise à être très affirmatif à ce sujet. Dans leur étiologie, en dehors,

bien entendu, des prédispositions créées par l'hérédité
et l'éducation, les souffrances morales s'y rencontrent
aussi souvent peut-être que les troubles physiologiques,
plus souvent sûrement que la débauche ou les vices;
d'une façon générale, l'on peut dire que ceux ou celles
qui en souffrent sont, le plus habituellement, plus à
plaindre qu'à blâmer.

Que peuvent, en effet, contre l'hérédité, contre les
imperfections de l'éducation ces pauvres enfants nés
d'un père épileptique ou, ce qui est si fréquent, d'une
mère névropathe ?

Que peuvent aussi contre cette perversité morale
précoce et contre ces excitations malsaines des sens
qui de bonne heure affaiblissent les nerfs, flétrissent
le corps quand ils ne l'usent pas tout à fait, ces malheureux abandonnés par un père indifférent ou alcoolique,
ou par quelque marâtre indifférente aussi, quand elle
n'est que cela.

Et toutes celles et tous ceux qui pleurent ou qui
souffrent, et qui sont obligés de dévorer leurs pleurs en
silence, qui donc leur jettera la pierre ?

Qu'on ne croie pas que ce soit là une étiologie
exceptionnelle; aussi souvent peut-être je l'ai dit et je
tiens à le redire, que les troubles physiologiques, plus
souvent certainement que les excès ou les vices, les
longues souffrances, les profonds ennuis, les grandes
douleurs, sont les causes de cet état névropathique. Ce
serait une grave erreur toutefois de croire que, par
ces expressions de peines ou de souffrances, il ne
faille entendre que des souffrances ou des peines légi-

times. Je ne suis ici ni le poète ni l'avocat du Nervosisme ou des névropathes, je suis médecin ; il faut que cet état moral de chagrins, d'ennuis généralement profonds s'entende des sentiments les plus respectables, comme des sentiments les plus bas, les plus inavouables, tels que la jalousie, l'envie, le désir immodéré de paraître ou d'être quelque chose, la soif insatiable de l'or ou des plaisirs.

Tout ce qui surmène et use le système nerveux, que ce surmenage ou cette usure soit le fait d'excitations trop fortes, d'impressions trop vives, de secousses trop violentes, de luttes ou de souffrances trop prolongées, et ces excitations, ces secousses, ces souffrances doivent s'entendre aussi bien, pour ne pas dire plus, du moral que du physique, prédispose au Nervosisme, quand il ne le crée pas de toutes pièces.

C'est à la médecine contemporaine, ai-je dit, que les diverses névropathies doivent ces nouvelles données etiologiques ; elles lui doivent aussi, et c'est là le second point, qu'il me reste à développer, une connaissance plus exacte de leurs symptômes.

Les vapeurs, les spasmes, la mobilité du caractère, son extrême impressionnabilité, les rires alternant avec les pleurs, la tendance au mensonge et à la supercherie, les crises convulsives, tel était, il n'y a pas longtemps encore, l'ensemble symptomatique de la maladie qui nous occupe. Aujourd'hui, et grâce aux habitudes et aux procédés actuels d'observation, cette symptomatologie s'est singulièrement agrandie ; elle s'est surtout précisée. Le Nervosisme désormais, quel

que soit le nom qu'on lui donne, n'est plus ce Protée
insaisissable, composé de phénomènes bizarres et
changeants, inaccessible, par conséquent, à l'analyse
et aux investigations méthodiques : tout s'y passe,
ainsi que l'a démontré un des hommes qui ont le
plus fait pour la connaissance des maladies nerveuses,
M. le professeur Charcot, suivant certaines lois déter-
minées. Qu'il s'agisse de l'état mental des malades,
des crises ou de certains phénomènes qui parfois les
accompagnent, les précèdent ou les suivent, ces
règles sont constantes ; elles sont dues surtout à l'application des méthodes philosophiques que je viens
de recommander, ainsi qu'à la persévérante étude et
à la puissance de pénétration du chef éminent de
l'école de la Salpêtrière, et aux divers travaux qui,
depuis quelques années, se sont publiés sous sa direction.

Pour bien concevoir et bien faire comprendre les
progrès d'une symptomatologie aussi complexe, il faudrait l'envisager non seulement en dehors de l'état
convulsif et dans la crise convulsive elle-même, mais
dans quelques-unes aussi de ses principales variétés.

Vous me permettrez, Messieurs, de glisser sur les
symptômes trop spéciaux des différentes Névropathies
et de passer sous silence, avec les crises que tout le
monde connaît, qu'elles soient spontanées ou provo-
quées par la pression sur les points hystérogènes,
certains troubles fonctionnels, certaines altérations
de la sensibilité ou de la motilité, qui, par leur bizar-
rerie, leur mobilité, caractérisent les formes frustes

de la maladie et sont souvent, pour le malade comme pour le médecin, une source fréquente de surprises et de mécomptes. Il est peu de personnes, du reste, qui n'aient entendu parler de ces êtres bizarres qui se laissent transpercer la peau avec des épingles, et qui ne sentent pas, ou de ces malades capricieuses et fantasques qui aboient comme des chiens, qui mangent de la terre, du sable, comme les poules, des substances plus répugnantes encore, ou qui ne mangent rien du tout.

Ce qu'on connaît moins bien peut-être, ce sont les troubles psychiques que présente presque toujours, avec des variétés presque aussi nombreuses que les sujets, le plus grand nombre de ces malades.

Il semble, dit M. Briquet, cité par le savant médecin de la Charité, M. Bernutz, que chez ces malades l'activité cérébrale supérieure soit absorbée par la dépense excessive de l'innervation sensitive et automatique ; de telle sorte qu'on trouve le plus souvent, comme trait saillant de leur caractère, de l'indécision, un défaut de volonté, sur lequel a insisté Romberg et un asservissement de la pensée et de la raison aux impressions qui affectent le moi sensible.

Un défaut d'attention est la conséquence de cet état, que caractérisent encore l'exagération des impressions ou des souffrances réelles, la crainte continuelle de la mort, la tendance à la dissimulation et à la supercherie, l'habitude perpétuelle de se plaindre, et le besoin constant d'occuper les autres de leurs personnes.

De là cette tendance aux épanchements, cette soif

de consolations et d'encouragements qui sont, avec un
défaut de volonté, un besoin extrême de contradic-
tion et de controverse et une tendance marquée aux
sentiments affectueux, le fond du caractère des sujets
névropathiques.

L'état nerveux, dit Sandras, est une servitude
morale envers tout ce qui nous entoure.

D'autres fois, ce sont des accès de sombre mélan-
colie, les malades se repliant volontiers sur eux-
mêmes et sur les souvenirs du passé; ou des crises de
cette forme d'hypochondrie si bien décrite par Falret
sous le nom d'hypochondrie morale, et qui s'accuse
chez des gens en apparence raisonnables et même intel-
ligents par de singulières idées, de bizarres préoccu-
pations; les uns croyant que l'air qu'ils respirent est
malsain ou sent mauvais, que l'eau qu'ils boivent ou
le pain qu'ils mangent ont des goûts extraordinaires,
qu'il existe autour d'eux une humidité ou des courants
d'air constants. D'autres ont peur de tout; ils n'osent
sortir dans la rue, dans la crainte de la chute d'une
tuile ou d'une cheminée, la vue d'une place les glace
de terreur, la perspective d'une course en voiture ou
d'un séjour dans un lieu public leur faisant croire
qu'ils vont être emportés par les chevaux ou étouffés
par la foule.

Quelquefois ce sont les phénomènes d'excitation
qui dominent; ce sont alors des besoins perpétuels
de parler, de remuer, de changer de place, de briser
ou de déchirer quelqu'un ou quelque chose. « C'est la
journée des clous, » me disait, un jour où je le rencon-

trais se promenant mélancoliquement, un homme d'esprit marié à une femme névropathique qui, à certaines époques, était prise — et ce jour-là, paraît-il, il était sage de déserter la place — de ce besoin irrésistible de mouvements, bouleversant son appartement de fond en comble, changeant de place meubles et tableaux, et plantant des clous du matin au soir.

D'autres fois enfin, ces malades sont tourmentés par des hallucinations plus ou moins étranges ; ils voient des animaux qui courent ou tournent autour d'eux ; ils entendent des bruits étranges, des voix qui leur parlent, des chants qui les ravissent ou les effrayent. J'ai connu dans le temps un de ces singuliers névropathes. A certains moments, il entendait des voix qui lui disaient des injures. Pour leur échapper, il fuyait, errant de rues en rues, jusqu'à ce que, las, harassé, n'en pouvant plus, mais entendant toujours ces voix maudites, il allait, de guerre lasse, se réfugier sur un des ponts déserts du quartier de Perrache, et là, comme ces voix ne cessaient de se faire entendre, il enjambait la balustrade et se précipitait dans le Rhône, dans l'espoir qu'aucun de ses insulteurs n'oserait l'y suivre. Excellent nageur, il n'avait pas de peine à regagner la rive ; son hallucination s'était dissipée sous l'influence de cette douche et de ce bain froid improvisé, et comme il ne se souvenait de rien ou qu'il ne voulait pas avouer le motif réel de cet acte insensé, on l'amenait régulièrement à l'Hôtel-Dieu sous la rubrique suivante : tentative de suicide.

Il n'est pas rare d'observer d'autres désordres in-

tellectuels tout aussi profonds, mais plus continus.
Ce sont ceux qui, entrevus déjà par Esquirol, ont été
étudiés d'abord par Moreau de Tours, par Trélat dans
son livre de la *Folie lucide*, et dont Calmeil et Falret,
le premier dans son *Traité de la folie*, le second dans
une des séances de la Société médico-psychologique,
à propos de la folie raisonnante, ont tracé un saisissant
tableau.

Ces désordres, véritables monomanies, sont carac-
térisés souvent par des exaltations passionnées, par
des goûts dépravés, par les idées les plus étranges.
Ils se montrent surtout, quand ils ne restent pas absolument fermés dans le for intérieur, dans la vie la
plus intime; il faut souvent, pour s'en apercevoir,
vivre de la même vie que ces malades, être mêlé à leurs
actes et à leurs pensées de chaque jour, ou, chose difficile, avoir su gagner une confiance dont ils sont
dans ces circonstances en général extrêmement avares.

Quelquefois, cependant, quand les sentiments pas-
sionnés mis en jeu ont été trop fortement exaltés, ou
que l'idée par sa persistance est devenue trop impé-
rieuse, ils éclatent subitement, devenant souvent dans
ces cas la cause d'un de ces drames dans lesquels le
vitriol, l'acide sulfurique ou le revolver jouent le
principal rôle, et qui presque toujours viennent aboutir
à la police correctionnelle, ou se dérouler devant le
public généralement beaucoup trop indulgent de la
cour d'assises.

Tant que la prison restant fermée pour ces préten-
dues victimes du cœur, la maison d'aliénés ne s'ouvrira

point pour leur rappeler que si la loi donne le droit de vie et de mort sur celui qui escalade ou pénètre de vive force dans l'enclos du foyer domestique, elle se contente de condamner comme escroc, celui qui abuse de l'hospitalité, tant généreuse soit elle, ces crimes se multiplieront. Ils se multiplieront aussi avec l'indulgence du public, comme se multiplieront ces tentatives sans motifs de déraillements de chemins de fer, ces incendies aux causes inexpliquées, ces assassinats monstrueux, tentés ou exécutés sans autre mobile que l'envie ou la soif de tuer qui domine ces névropathes aliénés, qu'ils s'appellent Lacenaire, Papavoine, Chevalier, Jeanne Desroches ou Menesclou parce que chez tous ces misérables, indépendamment de l'étrangeté et de la dépravation de leurs conceptions délirantes, il existe toujours un besoin extraordinaire, irrésistible souvent, d'occuper le public de leur triste personnalité.

Une autre forme de ces monomanies bruyantes, est cellequi a été rapportée dans la très intéressante narration de l'épidémie de Morzine faite par notre savant collègue de la Faculté de médecine, M. le professeur Arthaud. C'est elle, dit Calmeil cité par le très judicieux auteur de la brochure dont je viens de parler, qui fait surtout le désespoir des filles cloîtrées, et qui leur a fait donner le nom de possédées. Cette affreuse monomanie est annoncée par la haine de Dieu, par l'impossibilité de prier ou d'entendre prier, par l'insomnie, par l'habitude de jurer, de proférer des paroles sales, d'adresser des malédictions au prochain, par des sensations viscérales qui sont attribuées à la présence du diable, ou de plusieurs démons dans les entrailles, par le besoin de crier et de hurler. Ce genre d'aliénation, s'est montré partout éminemment contagieux, il a infesté presque tous les cloîtres d'Allemagne, les hospices, les maisons d'éducation; c'est lui qui a rendu si malheureusement célèbres les ursulines de Loudun, les religieuses de Louviers, les filles de Bayeux.

Comment n'en serait-il pas ainsi? Il traîne après lui la rage de l'accusation, et c'est à des victimes, pour l'ordinaire innocentes, qu'il adresse ses fureurs.

Je regrette, Messieurs, de ne pouvoir insister, sur tous ces faits, ainsi que sur certaines variétés de ce que j'ai appelé les formes frustes de la maladie, j'ai hâte de vous parler de quelques phénomènes aussi étranges que ceux qui se développent spontanément chez les névropathes et qu'on peut faire naître à volonté chez ces malades, avec ou sans leur consentement, d'une façon tout à fait artificielle.

Ces phénomènes dont j'ai été plusieurs fois témoin, il y a deux ans, dans le service de M. le professeur Charcot, confinent de si près à l'étude du Nervosisme, quelques-uns d'entre eux s'y trouvent si intimement mêlés, qu'il me paraît difficile de les passer sous silence. Ils vous intéresseront assez, j'en suis convaincu, pour que je croie pouvoir vous demander quelques minutes encore d'attention et entrer dans quelques détails à à leur sujet.

Il est peu de personnes aujourd'hui qui n'aient entendu parler de ce singulier sommeil, espèce de somnambulisme artificiel, qu'on appelle l'hypnotisme, et qu'on obtient assez facilement, du reste, par la fixité du regard sur un objet quelconque, plus spécialement sur un objet brillant, avec une certaine convergence des axes visuels dans le strabisme interne. C'est ce même sommeil que tout le monde connaît, et qu'on arrive à produire sur des poules, des moineaux, des canards, ou des dindons, en fixant la tête de ces animaux en face d'une ligne blanche, tracée sur la terre ou sur une planche. C'est ce même sommeil auquel finissent par succomber, dans la pensée de s'unifier plus entiè-rement à Dieu, certains dévots de l'Inde, en tenant pendant de longues heures leurs regards fixés sur le bout de leur nez. C'est ce même sommeil enfin que recherchent, dans le même but et avec un point de mire différent, les moines du mont Athos en fixant leur nombril.

Après avoir fait beaucoup de bruit en Angleterre, vers 1841, époque à laquelle il fut tout particulière-ment étudié par Braid, chirurgien de Manchester, l'hypnotisme, après les très intéressantes recherches d'Azam en France et diverses tentatives d'appplication à la chirurgie de ce nouvel agent anesthésique faites à Paris vers 1860 par Broca, Velpeau, Verneuil, allait peut-être tomber dans l'oubli, quand les expériences entreprises à l'hospice de la Salpêtrière, ramenèrent de nouveau l'attention des médecins et du public sur ce singulier phénomène.

Ces expériences, faites au grand jour et conduites avec une très grande prudence, sont destinées à jeter une vive lumière sur certains faits inexpliqués de

somnambulisme, sur diverses pratiques mesmériennes ;
elles sont surtout d'un haut intérêt pour l'étude scientifique des maladies qui nous occupent.

Il est extrêmement facile chez certains névropathes,
chez les femmes surtout, de produire l'hypnotisme.
Il suffit pour cela de leur faire fixer, en cherhant la
convergence des axes visuels, un objet quelconque,
brillant où non, et en quelques minutes, en quelques
secondes quelquefois chez des sujets de choix, elles
tombent dans le plus profond sommeil.

Aussitôt ce sommeil obtenu, les nerfs et les muscles
de ces sujets acquièrent une excitabilité spéciale ;
le plus léger attouchement sur un filet nerveux ou
sur un muscle, à travers la peau, suffit pour dé-
terminer, et cela tant que dure les contact, une
contracture musculaire ; et suivant le nerf, le muscle,
ou même le faisceau musculaire touchés, l'on voit
se produire une contraction aussi nette que celle
que l'on peut obtenir à l'aide de la faradisation
appliquée suivant la méthode de Duchenne de Bou-
logne.

De là la possibilité de modifier à l'infini, par des
attouchements variés, le jeu de la physionomie, et
de faire apparaître à son gré le rire, l'effroi,
l'étonnement, ou n'importe quel sentiment de l'âme,
capable de se traduire par une expression du visage,
c'est-à-dire par le jeu combiné de certains muscles.

Ce premier résultat qui, à lui seul, suffirait, tant
il est précis, à faire tomber toute possibilité de
simulation ou de supercherie, n'est pas le seul qu'on

obtient, et s'il est des plus précieux pour la démonstration de l'état tout spécial dans lequel se trouve le sujet hypnotisé, il n'est peut-être pas le plus remarquable.

Qu'on ouvre, en effet, les yeux de la personne endormie, aussitôt cette surexcitabilité névro-musculaire disparaît, elle est remplacée par l'état cataleptique, les muscles ou les membres conservant alors, pendant un temps beaucoup plus long que la volonté seule, même la plus énergique, ne pourrait le faire, l'attitude que vous leur avez donnée.

Si les deux yeux ont été ouverts, l'état cataleptique est complet, si, au contraire, les paupières n'ont été soulevées que d'un seul côté, sur ce côté seulement s'observe la catalepsie, l'hémiléthargie avec la surexcitabilité névro-musculaire, persistant du côté où l'œil est fermé.

Cet état cataleptique qui, en une seconde, transforme les membres les plus grêles et les plus frêles en de véritables barres de fer que vous briseriez, mais que vous ne feriez peut-être pas fléchir, est un des phénomènes les plus fréquents chez les hypnotisés. Il se produit en général avec une facilité extrême chez certains névropathes ; l'occlusion seule des paupières chez certaines femmes, d'après M. Lassègue, un bruit subit et intense suffisant pour le produire. J'ai vu un jour à la Salpêtrière quatre ou cinq malades frappés subitement de catalepsie, s'arrêter immobiles dans les positions les plus étranges, à la suite d'un coup violent frappé

sur une plaque de métal, au'moment où elles pénétraient
dans [la salle où nous nous trouvions.

La manière de faire disparaître cet état cataleptique,
qui est la même que [celle qu'employait Braid, n'est
pas moins remarquable que la manière de le produire.
Une légère friction sur les muscles, un léger souffle
sur les yeux ramènent immédiatement dans leur état
normal les muscles et le malade, ce dernier n'ayant
nullement conscience de ce qui vient de se passer.

Parallèlement aux troubles des organes du mouvement, on observe chez les hypnotisés des troubles de
la sensibilité. Elle est abolie ou augmentée, tantôt
d'une façon générale, tantôt localement.

Ces altérations qui frappent le plus habituellement
la sensibilité générale peuvent atteindre les diverses
sensibilités et amener avec elles, du côté des organes
des sens, des troubles variés du toucher, du goût, de
l'odorat, de l'ouïe. Elles sont en tous points semblables à celles qui, dans certains cas, se développent
spontanément chez les divers névropathes.

Au milieu de cette profonde perturbation des
organes du mouvement et de la sensibilité, il n'est pas
rare d'observer chez l'hypnotisé des modifications non
moins curieuses et en apparence plus extraordinaires encore du côté des fonctions intellectuelles.
Elles se traduisent, en général, par une suractivité
de ces fonctions, la mémoire, l'imagination acquérant
tout à coup un haut degré de développement.

C'est cette suractivité cérébrale probablement qui,
combinée avec l'exaltation de certains sens et l'hy-

peresthésie musculaire, donne lieu à ces singuliers
phénomènes attestés par l'illustre physiologiste Car-
penter, signalés par Braid sous le nom de phénomènes
de suggestion, et exploités chaque jour par tous les
charlatans de l'hypnotisme.

Pour les produire, il suffit d'imprimer avec l'idée
de l'extase, de la prière, de la colère ou de la haine,
par exemple, à certaines parties du corps telle ou
telle position rappelant celles de l'extase, de la prière,
de la colère ou de la haine pour voir immédiatement,
sous l'empire d'une volonté étrangère, de vulgaires créa-
tures, comme transfigurées, présenter tout à coup, avec
une vérité et une puissance d'expression qu'envieraient
plus d'un peintre ou d'un statuaire, les types les plus
élevés et les plus beaux de ces divers sentiments.

Je sais, Messieurs, que ces faits qui, à première
vue, semblent si extraordinaires et qui tant de fois
ont servi aux scandaleuses et souvent lucratives exploi-
tations des magnétiseurs et des somnambules sont
encore, de la part d'hommes extrêmement sérieux et
instruits, l'objet d'une certaine défiance, pour ne pas
dire d'un doute absolu; ils sont exacts cependant,
expérimentalement et scientifiquement démontrés. Le
doute et la défiance ne sont plus permis qu'à ceux qui,
semblables à ces prétendus sourds qui se bouchent les
oreilles pour ne rien entendre ferment obstinément
les yeux pour ne rien regarder et ne rien voir.

J'aurais pu, et c'est à dessein que je les ai passés
sous silence, vous exposer une série de faits sur lesquels M. le professeur Lasségue vient de rappeler

l'attention dans un article récent paru dans un des derniers numéros de la *Revue des Deux-Mondes*, à propos du phréno-hypnotisme. Ces faits, qui consistent à exciter certains sentiments, certaines idées, en pressant sur les protubérances correspondantes du crâne chez le sujet hypnotisé, donneraient à penser, suivant la pittoresque expression de M. Azam, qu'on peut jouer de l'intelligence comme on joue du piano. Ils me sont complètement inconnus, et je ne sache pas qu'ils aient été soumis au contrôle d'une sérieuse expérimentation.

En dehors de l'hypnotisme et des diverses modifications sensorielles, motrices ou intellectuelles produites par ce sommeil artificiel, le névropathe présente aussi une impressionnabilité ou réceptivité spéciales à l'action de certains corps capables de réveiller chez lui la sensibilité lorsqu'elle a disparu.

Ces agents, dit agents æsthésiogènes, sont nombreux. Parmi ceux que nous connaissons, il faut citer en première ligne les métaux, les plaques métalliques de Burq, les solénoïdes, les courants électriques dynamiques faibles, la faradisation, les aimants. Tout récemment les recherches de Seurre sur le collodion, de Jourdanis sur l'action de certains bois, tels que l'érable, le bois de rose, l'acajou, le tuya, le noyer, ont démontré pour ces corps, quoique dans des proportions moins fortes et surtout moins constantes, les mêmes propriétés antianesthésiques.

Un fait assez curieux, connu sous le nom de phénomène du transfert, accompagne en général le retour de cette sensibilité. Il est caractérisé par la disparition de la sensibilité dans les points symétriques du côté sain, à mesure qu'elle reparaît dans le côté malade.

Tous les faits que je viens de citer, qu'ils appartiennent à l'ordre pathologique, physiologique ou psychologique, sont aujourd'hui démontrés. Il est impossible de ne pas admettre que ceux que je viens de vous citer, dont les uns, entrevus dejà depuis un certain temps, les autres découverts tout récemment, s'ils sont insuffisants encore pour les éclairer complètement, n'aient jeté une grande clarté sur les origines, la symptomatologie et la thérapeutique des diverses Névropathies. Suffiront-ils pour entraîner la conviction dans vos esprits et établir d'une façon suffisante ce que je voulais surtout établir, la supériorité de la méthode et des procédés employés par la médecine d'aujourd'hui ? Seront-ils assez éloquents pour suppléer à l'éloquence de celui qui vous les a exposés ? Permettez-moi de l'espérer.

Mon but aura été atteint si, en vous parlant au nom de la Faculté de médecine, j'ai pu faire assez lumineuse à vos yeux la puissance de la méthode et des procédés sur lesquels nous comptons nous appuyer pour faire à Lyon une Faculté digne de vous, digne des sacrifices de la cité.

Pour que cette méthode et ces procédés soient féconds, on ne saurait trop le répéter, les efforts de tous et un travail incessant sont absolument nécessaires.

A cette nécessité on a objecté, il est vrai, que le génie de la France n'était point fait pour se plier à des méthodes exigeant un travail aussi constant, aussi patient et surtout aussi persévérant. On eût mieux dit, et surtout l'on eût dit plus vrai, si les détracteurs des procédés dont je parle eussent avoué que ces procédés s'accommodaient mal avec notre genre de vie, et, pourquoi ne pas le dire, avec nos habitudes de recherche et de bien-être. Messieurs, les procédés sont bons, nos habitudes seules sont mauvaises. Celles-ci heureusement se corrigent et se changent. Lorsque la France le voudra, et il faut qu'elle le veuille, merveilleusement servie comme elle l'est par l'intelligence et l'activité de son peuple, la richesse de son sol, la clarté de sa langue, la générosité, la grandeur et la puissance de ses idées, elle pourra par le travail réparer les défaillances du passé et effacer peut-être un jour jusqu'au souvenir de nos désastres.

Un homme d'État justement célèbre, que notre pays meurtri, ensanglanté et désorganisé fut heureux de rencontrer au lendemain de ses luttes avec l'étranger disait, en parlant de l'avenir, qu'il appartiendrait aux plus sages. Peut-être eût-il été plus exact de dire : aux plus sages et aux plus laborieux.

On ne saurait trop s'élever, en effet, contre cette erreur enracinée dans l'esprit de bien des gens, que la puissance de l'intelligence, même aidée de la sagesse, peut suppléer un travail incessant et opiniâtre. Non, Messieurs, l'intelligence sans le travail est comme la terre sans culture, elle reste stérile. Partout, et tout spécialement dans un pays aussi profondément démocratique que le nôtre, l'avenir est à ceux qui travaillent, et quiconque l'oubliera devra, comme la ronce et l'épine qui croissent sur le sol sans labour, être foulé aux pieds et périr.

Qu'il s'agisse de travaux manuels ou de productions de l'esprit, que du domaine de la vie privée la question s'élève aux choses de la vie publique, partout et toujours nous retrouverons cette noble et fière puissance qui fait que chacun, dans la mesure de ses forces, le développement de ses facultés, doit travailler et produire.

Travaillons donc tous, travaillons tous, nous surtout les représentants de cette grande source de connaissances et de savoir qu'on appelle l'Université, vous lettrés pour instruire et charmer le présent avec les souvenirs du passé, vous hommes de loi ou de science, pour que le triomphe de la justice marche de pair avec le triomphe de la vérité, vous ministres de Dieu et de sa sagesse, pour épurer nos cœurs, éclairer nos doctrines, élever et fortifier notre foi, nous enfin médecins, pour doter la nature humaine de la force nécessaire à l'accomplissement de ses destinées.

Au *vœ victis*, malheur aux vaincus, jeté un jour au nom de la barbarie, à la face de la société ancienne, par un soldat ivre de gloire ou de vin, il faut que la société moderne réponde par cet autre cri jeté aux quatre vents de l'espace, *vœ otiosis*, malheur aux oisifs.

Oui, malheur sur vous, oisifs de tout rang, désœuvrés de toute classe, vagabonds ou bohêmes, soutiens fidèles de toutes les ambitions, satellites inséparables de toutes les tyrannies, termites souterains qui ne savez que détruire, parasites insatiables qui ne vivez que des efforts de ceux qui produisent, arrière et place à ceux qui travaillent ! Place à vous surtout, jeunesse ardente et studieuse, qui vous pressez sur ces bancs ! Du discours que vous venez d'entendre, gardez surtout, avec le souvenir des méthodes que je viens de recommander, l'amour passionné du travail, un culte profond de la tolérance et du vrai. Trempez vigoureusement vos nerfs ; haut les cœurs, la patrie compte sur vous !

Place et honneur aussi à vous magistrats, administrateurs civils et militaires, qui avez bien voulu vous associer à cette réunion de la grande famille universitaire ! Honneur à vous surtout, dont les efforts et les noms ont été plus particulièrement mêlés à Lyon au développement de l'instruction, au perfectionnement des hautes études !

L'Université vous remercie.

FIN